Erasmo de Rotterdam

Sentencias para la vida

Erasmo de Rotterdam

Sentencias para la vida
[*Adagios*, selección centurias 1-3]

Traducción de
José Manuel Ruiz Vila

© Los secretos de Diotima

© Guillermo Escolar Editor
  Calle Princesa 31, planta 2, puerta 2
  28008 Madrid

© De la traducción, José Manuel Ruiz Vila

ISBN: 979-13-87789-48-0

DEPÓSITO LEGAL: M-3195-2026

Impreso en España / Printed in Spain

LOS AMIGOS LO COMPARTEN TODO

Amicorum communia omnia, es decir, «los amigos lo comparten todo». Me ha parecido oportuno comenzar con este proverbio, a modo de feliz auspicio, esta recopilación de adagios, puesto que no hay otro más provechoso ni más citado. El caso es que, si estuviera tan anclado en el alma humana como lo está en boca de todos, podríamos ahorrarnos, sin duda, la mayor parte de los males de nuestra vida. Sócrates deducía a partir de este proverbio que los hombres de bien poseen todo en las mismas condiciones que los dioses: *Todo pertenece a los dioses. Los hombres de bien son amigos de los dioses y los amigos lo comparten todo; entonces, los hombres de bien lo poseen todo.* Lo dice también Eurípides en *Orestes: Todo es común entre amigos.* También en las *Fenicias: Los amigos comparten el dolor;* y también en *Andrómaca: Pues los amigos no poseen nada propio, sino que lo comparten todo entre ellos*. Terencio dice en los *Hermanos*: *Es un antiguo proverbio: Los amigos lo comparten todo*. Hay constancia de que ya estaba la frase en una obra de Menandro del mismo título. Cicerón escribe en el primer libro de *Los deberes*: *Como dice el proverbio griego: Los amigos lo comparten todo*. También lo cita Aristóteles en el libro octavo de la *Ética a Nicómaco* y Platón en el quinto de *Las leyes*, donde intenta demostrar que la mayor felicidad para el Estado es la comunidad de todos los bienes: *Entonces será la primera ciudad y la primera forma de gobierno y serán mejores las leyes allí donde se pueda observar especialmente lo que ya hemos dicho para cada una de las ciudades: que los amigos compartan sus bienes*. El mismo Platón dice que será feliz y dichosa aquella ciudad en la que no se oigan las palabras «mío» y «tuyo». Pero no deja de sorprender que no guste esta opinión, es más, que los cristianos condenen esta comunidad de bienes defendida por Platón cuando lo cierto es que el filósofo pagano dice exactamente lo mismo que el pensamiento de Jesucristo.

Aristóteles en el libro segundo de su *Política* suaviza la opinión de Platón dando a entender que la posesión y la propiedad están en poder de unas personas concretas, pero que lo demás, según el proverbio, será común en la medida del uso, el valor y la sociedad civil. Marcial se burla en el libro segundo de sus *Epigramas* de un tal Cándido al que no se le caía de la boca este proverbio, pero que luego, por el contrario, no compartía nada con sus amigos: *Cándido, los amigos lo comparten todo; ¿es eso, Cándido, lo que no paras de repetir día y noche a voz en grito?* Termina así el epigrama: *¿No das nada, Cándido, pero dices que los amigos lo comparten todo?* Teofrasto lo dice con estilo en el tratadito de Plutarco que se titula *El amor fraterno: Si los amigos comparten sus bienes, será especialmente provechoso que los amigos compartan también los amigos.* Parece que Cicerón le atribuye a Pitágoras este adagio cuando dice en el libro primero de *Las leyes: Por eso se dice aquella frase de Pitágoras de que los amigos comparten los bienes y la amistad significa igualdad.* Además, según cuenta

Diógenes Laercio, Timeo asegura que fue Pitágoras el primero que pronunció este dicho. Aulo Gelio asegura en sus *Noches áticas*, capítulo noveno, que Pitágoras no fue solo el padre de esta sentencia, sino que puso en práctica una comunión de vida y de recursos como la que Jesucristo quiere para los cristianos. Todo el que entraba en la escuela de Pitágoras ponía en común todo su dinero y sus bienes materiales, lo que en derecho romano se llama *cenobio*, es decir, una sociedad real de vida y de bienes.

NO MANDARÁS BIEN SI NO TE MANDARON ANTES

Es imposible gestionar bien el poder si antes no te has sometido al poder. Sigue siendo un adagio muy popular: no serás buen señor si no fuiste antes buen vasallo. Lo menciona Aristóteles en el libro tercero de la *Política*: *Por eso es lógico que se diga que no serás buen señor si no has estado antes a las órdenes de nadie*. Y por segunda vez en el mismo libro: *Dicen que quien debe administrar bien el gobierno debe haber sido gobernado antes*. Platón lo dice de forma más proverbial en el libro sexto de *Las leyes*: *Quien no se ha preocupado nunca de pensar en todo el mundo, no será en modo alguno un gobernante digno de elogio*. Plutarco escribe en *Contra un gobernante inexperto*: *Los caídos no pueden ayudar a otros a levantarse, tampoco pueden enseñar los ignorantes, ni organizar los desorganizados ni ordenar los desordenados ni mandar los que no han sido mandados*. El mismo Plutarco le atribuye este elogio particularmente a Agesilao: *Había llegado a mandar sabiendo lo que significa ser mandado*. Séneca dice en el libro segundo de *La ira*: *Es imposible que nadie gobierne sin haber sido gobernado antes*. El origen de este adagio está en la máxima de Solón que refiere Diógenes Laercio en su biografía: *Toma el mando solo cuando hayas aprendido a ser mandado*. Así las cosas, se podría aplicar tanto a los que aprenden a ordenar a los demás obedeciendo antes las órdenes ajenas, como a los que dominan sus veleidades antes de

11

dominar a otros. Y es que no vale para mandar sobre los demás quien continúa siendo esclavo de sus propias pasiones, ni puede regir a los demás quien no se rige a sí mismo por la razón.

EN EL FILO DE LA NAVAJA

No se aleja demasiado de los proverbios anteriores aquel verso tomado de Homero, repetido hasta la saciedad por los autores, que ha terminado convirtiéndose en proverbio: «En la punta de la navaja» o bien «en el filo». Significa encontrarse en un peligro extremo. Así habla Néstor en el libro décimo de la *Ilíada*: *Ahora están todos los aqueos sobre el filo de la navaja: vivir o sufrir una terrible ruina*. Sófocles dice en *Antígona*: *Sé consciente de que estás yendo por el filo del destino*. Se trata de las palabras del adivino Tiresias que advierte a Creonte del peligro tan grande en el que se encuentra. También aparece en los epigramas de la *Antología Palatina*: *Reyes de*

Europa y de Asia, poderosos en la guerra: ahora estáis ambos en la punta de la navaja. Se refiere a la lucha de Menelao y Paris, porque ambos querían quedarse con Helena. Teócrito en los *Dióscuros* dice: *Salvación segura de los hombres que ahora se encuentran en la punta de la espada.* Parece que se refiere a los saltimbanquis que caminan por la hoja de la espada o a los que manipulan la espada, como enseñan los escolios publicados sobre este autor.

QUIEN DICE LO QUE QUIERE, ESCUCHA TAMBIÉN LO QUE NO QUIERE

Si dices lo que quieres, escucharás también lo que no quieres. San Jerónimo lo cita expresamente con un proverbio en su obra *Contra Rufino*: *Sobre este tema solo escucharás lo que dicen en los cruces de caminos: Si dices lo que quieres, escucharás también lo que no quieres.* Y Terencio en la comedia *La que vino de Andros*: *Si sigue diciendo lo que quiere, escuchará también lo que no quiere.* Y también en el prólogo de *Formión*: *Si hubiera discutido con buenas palabras, habría escuchado también buenas palabras*. Aludió también al proverbio en el prólogo de *La que vino de Andros*: *Hagan el favor de dejar de hablar mal si no quieren conocer sus maldades*. En el prólogo del *Eunuco* es un poco más críptico: *Pero si hay alguien que ha considerado que se le criticó despiadadamente, tenga en cuenta que se le respondió, no que se le criticó*, donde entiende por responder devolver reproche con reproche. [...] Sin embargo, volviendo a nuestro tema, parece que fue Homero el primer padre de este adagio en vista del siguiente verso del canto tercero de la *Ilíada*: *Según la palabra que oigas, tal oirás*. También lo menciona Hesíodo en su libro titulado *Trabajos y días*: *Si hablas mal, pronto oirás tú peor*. Y también en este pasaje: *Si comienza él incomodándote de palabra o de obra, recuerda que debes devolvérselo con el doble de intereses*. Eurípides dice en *Alcestis*: *Si me hablas mal, recibirás lo tuyo a cambio y no serán mentiras precisamente*. Pero fue Sófocles quien lo dijo con mucho más estilo como recuerda Plutarco: *En efecto, quien*

14

habla mal teme oír, aunque no quiera, las palabras que dijo queriendo. Y en las obras de Sófocles se dice: *Quien habla mal suele tener miedo de escuchar sin querer lo que dijo con mala saña y queriendo*. Es más, en nuestros días la gente repite algo parecido: *Te saludaré como tú me saludes*, es decir, que según me hables tú, te contestaré yo. Plauto dice: *Si me insultas, te insultaré yo*. Cecilio dice en la comedia *Crision*, según refiere Aulo Gelio: *Si hablas mal de mí, eso es lo que oirás de ti*. También se refiere a este tema ese verso de Eurípides que se cita por todas partes: *La calamidad (o precio que pagar) es el fin de una boca sin frenos o de una injusta locura*. Se menciona también la idea en esta máxima del filósofo Quilón: *No debemos hablar mal a quienes conviven con nosotros, pues de lo contrario tendremos que oír palabras que nos hagan daño*. Creo que conviene mentar aquí ese ripio que, según Quintiliano, repetía todo el mundo: *Y no se le respondió mal, es solo que él antes lo había preguntado mal*.

SOLO CUANDO LO RECIBE SE PERCATA EL TONTO DEL MAL

Hesíodo modificó un poco esta misma sentencia cuando dijo en su libro titulado *Trabajos y días*: *El castigo alcanza por fin al culpable y el tonto solo se percata de ello cuando lo sufre.* Parece aludir a esta misma sentencia también Homero en el canto XXII de la *Ilíada*: *Para que aprendas de tus males.* Platón escribe en el *Banquete*: *No te dejes engañar, Agatón, por lo que te digo, sino que estate prevenido de las cosas que sabes que nos han pasado y no te percates de lo malo, como un tonto, solo tras recibirlo, como dice el proverbio.* Es menester citar aquí también aquel verso del *Comerciante* de Plauto: *Dichoso el que se percata del mal ajeno.* A propósito de esta misma sentencia dice Tibulo en el libro tercero: *Dichoso el que aprenda del dolor ajeno a carecer del suyo.* Aluden también a este mismo tema las voces poéticas de los que aprenden tarde: *Ahora sé qué es el amor. Ahora me doy cuenta no solo de que ella es perversa, sino también de que yo soy un pobre hombre. Por fin, tonto de mí, lo he entendido.*

Parece que el adagio encuentra su origen en un mito antiquísimo que cuenta Hesíodo, el de los dos hermanos, Prometeo y Epimeteo, muy relacionado con esta sentencia: Júpiter está enfadado con Prometeo por haberle robado el fuego del cielo en secreto y habérselo entregado a los mortales, y desea pagarle el mismo engaño con la misma moneda. Para ello le encarga a Vulcano que fabrique una mujer de barro con la mejor técnica que le sea posible. En cuanto estuvo terminada solicitó que todos los dioses y diosas le añadieran cada uno sus propias dotes, de ahí que a la muchacha se le pusiera el nombre de Pandora, «la que posee todos los dones». Entonces Júpiter le envió a Prometeo esta mujer, prototipo de todas las dotes, belleza, sabiduría, inteligencia y locuacidad, junto con una cajita preciosa, en cuyo interior, sin embargo, se ocultaban desgracias de todo tipo. Él rechazó el regalo, pero le advirtió a su hermano de que no aceptara ningún regalo que le llegara durante su ausencia. Pandora regresó y convenció a Epimeteo de que aceptara la cajita. Pero en cuanto la abrió y salieron por los aires las enfermedades, cayó en la cuenta de que el regalo de Júpiter no era un regalo: fue demasiado tarde. Hesíodo alude aquí claramente al adagio cuando dice: *Aceptó, pero solo se dio cuenta cuando el mal lo alcanzó.* En la *Teogonía* hace la misma referencia: *Clímene engendró al mañoso y astuto Prometeo y al torpe Epimeteo.* A Prometeo lo llamó astuto y le dotó de sentido común, mientras que a Epimeteo le puso por nombre «el que aprende después de equivocarse». Por eso Píndaro se refiere a él en las *Píticas* como *el que aprende demasiado tarde.* Eso precisamente es lo que significan estas palabras, porque Prometeo en griego designa a quien recurre al sentido común antes de que algo le afecte, mientras que Epimeteo a quien le viene el sentido común solo después de los propios hechos; por su parte, el verbo *prometheuesthai* significa recurrir al sentido común ante la inminencia de un problema. Luciano en uno de sus diálogos, a propósito de un actor cómico, cita este verso contra Cleón por percatarse tarde y a toro pasado: *Cleón es un Prometeo a toro pasado*. También se dice al final del mismo diálogo: *Cambiar de opinión en vista de los hechos es propio de Epimeteo, no de Prometeo*. Esta paremia también se puede expresar de esta otra manera: *La fatalidad me hizo más sabio*. Incluso de esta otra: *Lo que daña, enseña*, por traducir más el sentido que las palabras del griego original. Ahora bien, es mucho más sabio aprender en cabeza ajena, como reza la sentencia griega: *Viendo los ajenos, evité mis propios males*. Circula también la versión que se dice por aquí: *La vergüenza y la desgracia más sabio te harán*.

UNA MANO FROTA LA OTRA

Sócrates dice en el *Axíoco* de Platón que al sofista Pródico no se le caía de la boca este verso del cómico Epicarmo: *Una mano frota la otra: da y recibe a la vez*, es decir, que estaba censurando con elegancia el lucro de un hombre que no enseñaba gratis a nadie y del que afirmaba haber aprendido lo que iba a decir, y ni siquiera gratis, sino más bien en dinero contante y sonante. Sentencia digna tanto de un siciliano como de un poeta taimado, al menos así es como lo define Cicerón. Advierte que es imposible encontrar a alguien que quiera hacer el bien a los demás sin esperar nada a cambio, sino que una obligación contrae otra obligación y se hace favor por favor. Este mismo adagio también se dice de esta otra manera: «Una mano lava la otra», pero ambas metáforas significan lo mismo porque se saca el mismo provecho cada vez que una mano se lava o se frota con la otra. Un dístico como este circula entre las sentencias de los griegos: *Una ciudad protege a otra ciudad, igual que un hombre protege a otro hombre. Una mano lava la otra y un dedo a otro.* Lo menciona Séneca en su libro satírico sobre la muerte del emperador Claudio.

FAVOR ENGENDRA FAVOR

Esta sentencia la concibió Sófocles en su *Edipo en Colono* de forma simplificada: *Favor trae favor*, y también la cita en *Áyax portador del látigo*: *Beneficio siempre engendra beneficio*. Hesíodo nos lo explica en el primer libro de *Trabajos y días*: *Ama a tus iguales, arrímate a quien se te arrima, dale a quien te dio, y no des a quien no te dio: a quien dio se le da, y a quien no dio no se le da nada*. Estas palabras significan que una obligación contrae otra obligación y se hace favor por favor. Eurípides dice en *Helena*: *Que devuelva favor con favor*.

PAGAR CON LA MISMA MONEDA

Terencio usa en el *Eunuco* una paremia no muy diferente a la anterior: *Págale con la misma moneda*, con la que nos aconseja que hagamos a los demás lo mismo que hemos recibido de ellos. Y según la *Medea* de Eurípides debemos ser amigos de nuestros amigos, hostiles con nuestros enemigos, desleales con los desleales, sobrio con los sobrios, gruñones con los gruñones, severos con los sinvergüenzas; por último, debemos pagar con la misma medida que hayan usado con nosotros. El mismo Terencio nos dice en el prólogo de *Formión*: *Que piense que le han devuelto lo que ha tirado*. Usaremos este refrán de manera acertada cada vez que pagamos palabras con palabras, caricias con caricias, promesas con promesas. Es a lo que se refiere la simpática anécdota que refiere Aristóteles en el libro noveno de la *Ética a Nicómaco*. Dionisio contrató a un citarista para que tocara en su boda pactando las siguientes condiciones: cuanto mejor fuera su música mayor sería su remuneración. El citarista hizo entonces gala de su virtuosismo esperando una generosa contrapartida en la medida en que había tocado lo mejor posible. Pero al día siguiente, cuando el músico solicitó el pago estipulado, el contratista le dijo que ya le había pagado lo que le había prometido:

le había pagado claramente con la misma moneda por haberle compensado una voluntad con otra, dando a entender que su esperanza de obtener beneficio había sido mayor que la técnica con la que había cantado. No obstante, el filósofo niega que se le haya pagado con la misma moneda, porque uno sí recibió lo que quería, pero el otro quedó frustrado en sus expectativas. Parece que Eurípides se refiere a esto mismo cuando dice en *Andrómaca*: *Si es sensato con nosotros, recibirá un trato sensato; si se irrita, nos encontrará enfadados.* Por lo demás, parece que el proverbio ha surgido de la costumbre que tenían los antiguos griegos de beber en copas iguales en las reuniones de sobremesa. Según Ateneo, libro décimo, Arquipo había dicho en la versión corregida de su *Anfitrión*: *¿Quién ha mezclado a partes iguales?* Cratino dice lo mismo en su comedia titulada *La botella*: *Voy a responder a quien reparte a partes iguales.* También en el libro sexto: *No es por esos que en Roma venden el pescado a partes iguales*, dando a entender que se estima el precio por la cantidad a partes iguales. La expresión «a partes iguales» se usaba en los brindis solemnes como se deduce fácilmente del propio autor. Con ella se indican o bien que las copas eran iguales o bien que habían echado la misma cantidad de agua que de vino. Expresiones similares son «pagar con lo mismo» y «estar a la altura», es decir, compensar con el mismo pago. Plinio le escribe a Flaco en una carta: *Me han llegado unos tordos preciosos con los que no puedo estar a la altura, porque no cuento con los recursos de la villa de Laurentino en Roma, ni tampoco porque las tormentas han revuelto el mar.* Marco Tulio Cicerón en su libro *El orador*, dedicado a Bruto, explica que la expresión *un igual con un igual* designa un esquema métrico en el que los miembros de la oración responden a un mismo número de sílabas: *Cuando se pone en paralelo un igual con un igual o se opone un contrario a un contrario o las palabras que terminan igual resuenan entre ellas, resulta que la mayor parte de las veces es rítmico todo lo que queda recogido bajo ese esquema.*

EL HOMBRE ES UN DIOS
PARA EL HOMBRE

Homo homini deus, es decir, «el hombre es un dios para el hombre», que se suele aplicar a quien aporta una salvación súbita e inesperada o a quien ha sido útil por su enorme ayuda. En la Antigüedad se consideraba dios a todo aquello que aprovechaba a los seres humanos, de ahí que la Antigüedad tomara por dioses a los inventores y descubridores de leyes, frutos y vino, y a cualquier otra persona que proporcionara alguna ventaja para la vida, hasta el punto de que dieron culto a los animales como si fueran divinos, por ejemplo a la cigüeña en Egipto, porque se cree que ataca a las serpientes que salen en cierta época del año de las paludes de Arabia: las mantiene a raya y acaba con ellas; o a la oca en Roma, porque salvó la roca del Capitolio del ataque de los galos despertando a los centinelas con sus graznidos. Cicerón lo menciona cuando escribe en el libro primero de *La naturaleza de los dioses*:

Concluiré diciendo que hay animales que los bárbaros consideran sagrados por sus beneficios. Es más, según dice Pródico Cío también consideraron dioses a algunos cuerpos inertes, como el sol, la luna, el agua o la tierra, porque parece que facilitan la vida y porque sus ventajas hacen más placentera la vida de las personas. Los escitas, como asegura Luciano en su obra *Tóxaris o sobre la amistad*, juran por el viento y la espada como si fueran dioses, además porque el primero es la razón de la vida y el segundo de la muerte. Pero como, a decir de Cicerón, es el mismo hombre el responsable de muchas ventajas e inconvenientes en la propia vida del hombre, y lo propio de una divinidad es proteger o ayudar, se dice que despunta como un dios quien ayuda en un grave peligro o quien aporta ingentes beneficios, porque está haciendo prácticamente las veces de un dios para la persona que resulta beneficiada. Encaja con esto aquella cláusula solemne de Homero y de Hesíodo que dice: *Los dioses son dadores de bienes*; y lo que dice Estrabón en el libro

décimo: *Con razón se dice que los mortales se pare-*
cen inmensamente a los dioses cuando son provechosos.
Este mismo autor nos ha transmitido que
los egipcios hacían a los dioses con una
naturaleza doble: una inmortal, creadora
de todas las cosas, y otra mortal, a la que
no dieron nombre; consideran entonces
casi como dioses a aquellos que sirven de
ayuda. Además, también la gente que se
ha salvado de situaciones complicadas y
desesperadas o de un peligro incierto dice
que ha sido un dios quien los ha salvado.
Horacio escribió: *Así me salvó Apolo.* Luego
escribió en las *Odas* que Mercurio lo salvó
en plena guerra y Fauno lo libró de la caída
de un árbol. Aludió a esto mismo Juvenal cuando dijo: *Si un dios o algún hombrecillo*
parecido a los dioses y más espléndido que los hados te
diera cuarenta mil. Igualmente, Virgilio a su
personaje Títiro: *Melibeo, un dios nos dio este*
descanso. Y es que él será para mí siempre un dios:
constantemente un tierno cordero de nuestros reba-
ños regará su altar con su sangre. Luego justifica
la razón por la que el emperador va a ser
considerado como una deidad explicando

su ayuda: *Él fue quien, como puedes ver, permitió que mis vacas vagasen libremente y que yo mismo con bucólica zampoña cantase lo que quisiera.* Plinio el Viejo en el libro segundo de su *Historia natural* mencionó con mayor claridad esta paremia griega, pero con una opinión tan poco devota de los dioses como descreída luego a propósito de la inmortalidad de las almas y la resurrección de los cuerpos. Pero como no solo se burla de la multitud de dioses, sino que también priva del cuidado de las almas mortales al dios único y supremo, al que identifica con este mundo o con vete a saber qué forma natural, dice: *Dios significa para un mortal ayudar a otro mortal y este es el camino para la gloria eterna. Es la que siguieron los prohombres romanos, es por la que avanza con paso celestial junto con sus hijos Vespasiano Augusto, el gobernante más grande de todos los tiempos, dando su ayuda en tiempos difíciles. Es una antiquísima costumbre la de agradecer los méritos a los benefactores incluyéndolos en el número de las deidades. No hay duda de que los nombres de todos los otros dioses y estrellas a los que me he referido antes han surgido a partir de los méritos de los hom-*

bres. Hasta aquí el texto de Plinio. Ovidio escribe: *Corresponde al hombre el gusto de salvar a otro hombre y no hay otro modo de conseguir mejor favor.* Plutarco, en el tratadito que escribió *Contra un gobernante inexperto*, no dice que los dioses estén felices con este nombre por vivir muchísimo tiempo, sino por ser los responsables y los creadores de la virtud. Por lo demás, Pablo identifica el grado más alto de la virtud en la caridad, pero una caridad entendida como ser merecedores de lo mejor por el mayor número de personas. A eso se refería Gregorio de Nacianzo en su discurso titulado *El cuidado de los pobres,* cuando dice: *Conviértete en Dios con el menesteroso imitando la misericordia de Dios; el hombre no posee nada tan propio de los dioses como la posibilidad de hacer el bien.* Ahora bien, aunque entre los cristianos la denominación de dios no se le puede otorgar a ninguna persona ni siquiera en broma, ni forma parte de nuestras costumbres recibir una adulación tan insigne como inconveniente, sin embargo, podría darse la circunstancia de que el uso de este adagio no resultara ni incorrecto ni improcedente si alguien dijera algo como: «Tengo tantos problemas que nadie quiere o puede ayudarme, solo tú has estado por encima de la esperanza y con tu ayuda no solo me has salvado de morir, sino que además me has hecho mejor de lo que era antes como para que ese viejo adagio griego de que el hombre es un dios para el hombre o no tenga sentido en ninguna parte o lo tenga especialmente en nosotros dos». O quizás esto otro: «Le debo todo a las letras, incluso la propia vida, pero esas letras te las debo a ti, que me apoyas con tu generosidad y alimentas mi tiempo de creación. ¿Qué significa eso que dicen los griegos de que el hombre es un dios para el hombre si no es esto que estoy diciendo?». O incluso esto: «Está claro que es un amigo quien presta una ayuda adecuada, pero quien, gracias a su ciencia, su especial preocupación y su esfuerzo consigue retener y restituir la vida, justo como hace un médico, ¿qué otra cosa puede significar más que aquello que dicen los griegos de que el hombre es un dios para el hombre?». O así: «Las cosas estaban en un punto en el que ni siquiera la diosa Salud podía hacer nada. Pero tú apareciste como una divinidad en persona y con una rapidez sorprendente conseguiste poner fin a mis problemas y restituirme a la situación original, cuando ya ni tenía esperanzas ni me lo esperaba hasta el punto de entender que los griegos se atrevieran a decir que el hombre es un dios para el hombre». O de esta otra forma: «En las demás cosas siempre has sido mi mejor amigo, pero en esta no solo eres mi mejor amigo, sino que casi me atrevería a mencionar aquel refrán griego de que el hombre es un dios para el hombre».

EL HOMBRE ES UN LOBO
PARA EL HOMBRE

Homo homini lupus, es decir, «El hombre es un lobo para el hombre». Es diferente al anterior, pero parece que se ha

formado sobre él, porque lo usó Plauto
en su comedia *Asinaria* para advertirnos de
que no nos fiemos de los desconocidos,
sino que tomemos las mismas precaucio-
nes que con un lobo. El pasaje concreto
dice así: *El hombre es un lobo para el hombre, no
otro hombre cuando no se sabe cómo es.*

PIENSA COMO UN PULPO

Se conserva entre los griegos un adagio
que conviene incluir en este catálogo:
Polypi mentem obtine, es decir, «piensa como
un pulpo», con el que se nos conmina a
adaptar las costumbres y la cara a las circunstancias. Es lo que Homero parece
alabar de Ulises, al que califica como
hombre de comportamiento versátil. El
adagio procede de la habilidad de este
pez, mencionado por Plinio en el capítulo 49 del libro noveno y por Luciano
en el diálogo entre Menelao y Proteo,
del que se ha escrito que puede cambiar
de color, especialmente cuando siente

miedo. Lo cierto es que, cuando los pescadores lo persiguen, se abate contra las piedras e imita con su cuerpo el color de toda piedra que toca para evitar que lo capturen. Es más, como refiere Basilio el Grande, consigue engañar a los peces con esta falsa apariencia de tal modo que estos siguen nadando, exponiéndose así a su propio cazador. Por lo demás, el proverbio procede de un dístico de Teognis sobre el pulpo que cita Plutarco en su tratadito *Tener muchos amigos*: *Imita la mente del astuto pulpo, que toma el color de la piedra a la que se acerca*. Según consta en Ateneo, Clearco cita este dístico en sus *Proverbios*, pero omite el nombre de su autor: *Ten la habilidad de un pulpo, héroe Anfíloco, hijo mío, para que te adaptes a cualquier pueblo al que vayas*. Plutarco cita el mismo poema y se lo atribuye a Píndaro, de ahí que todo el mundo conozca este verso proverbial: *Según estén las cosas, te convendrá más esto o aquello*. El verso aconseja acomodarnos a cada una de las circunstancias de la vida y que actuemos según vayan las cosas, igual que hacía Proteo que podía cambiar su apariencia. Plutarco usó una expresión parecida, «convertirse en otro», para expresar el cambio de opinión. Esta idea la menciona también Aristófanes en la comedia *Pluto*, que nos aconseja vivir según las costumbres específicas de cada región. También se refiere a este tema la frase que dice «Cada región tiene su ley», que significa que cada región tiene sus propias peculiaridades que los visitantes no debemos criticar, sino reproducir e imitar en la medida de nuestras posibilidades. Pero que nadie piense que este adagio promueve una adulación impropia que mueva a alguien a pensar que todo vale o que todas las costumbres son válidas, cosa que Horacio critica con estilo en las *Sátiras* y que los historiadores señalan en Catilina y en el emperador Anedio Casio; también, por último, aluden a esto las Sagradas Escrituras a propósito de un hombre malo, cuando dicen que los tontos cambian como la luna, pero que el sabio sigue el ejemplo del sol y siempre se parece a sí

34

mismo. Cabe la duda de si en Alcibíades esta característica se ha de entender como una crítica o un elogio; lo cierto es que se consideró siempre como una cualidad próspera y admirable la habilidad de sus costumbres y de su forma de ser actuando como un pulpo para tomar parte en las sátiras y chistes de Atenas, criar caballos o vivir bien y en compañía. Viviendo con los espartanos lo mismo se rapaba el pelo que llevaba el mando o se lavaba con agua fría; con los tracios combatía y bebía, pero, cuando se fue a Tisafernes, se dejó llevar por los placeres, el ocio y el derroche según las costumbres de ese pueblo. Pero también se da la simplicidad de los tontos, difícil, obstinada y persistente que los lleva allá donde vivan a pedir que se sigan sus propias costumbres y condenar cualquier cosa que les guste a los demás. Pero también existe una forma de actuar sensata que mueve a la gente de bien a secundar en determinadas ocasiones las costumbres ajenas para no resultar odiosos o poder servir de algo, o incluso para librar de grandes peligros a los suyos o a sí mismos. Es lo que hizo Ulises con Polifemo inventándose cosas o fingiendo ser un mendigo delante de los pretendientes; lo mismo que hizo Bruto simulando idiotez e incluso David fingiendo locura. Es más, san Pablo apóstol presume de haber usado astutamente esta pía artimaña y de *haberse convertido todo en todos* para ganárselos a todos en Cristo. No obstante, nada impide extender más el uso de este adagio para censurar malos comportamientos, especialmente contra aquellos que, dotados de una versatilidad intelectual, asumen siempre la personalidad de aquellos con los que les ha tocado vivir. Es Plauto quien describe con acierto este tipo de personas en las *Báquides*: *No hay persona que pueda ser provechosa salvo aquella que domina tanto el bien como el mal. Malvado con los malvados, ladrón, que robe a los ladrones lo que pueda. Es preciso que el hombre sepa cambiar de piel, adaptarse a las circunstancias: bueno con los buenos, malo con los malos.* Éupolis dijo, según Ateneo: *Es hombre refinado quien se comporta como un pulpo.*

Plutarco cita en sus *Cuestiones naturales* estos versos de Píndaro: *Se comporta con todas las ciudades asimilando su actitud precisamente al color del animal marino.* Y en el mismo pasaje explica por qué este pez actúa así. Aristóteles extrajo una comparación parecida a propósito del camaleón en el libro primero de la *Ética a Nicómaco.* En efecto, dice que, si alguien pende de la fortuna, debido a la variabilidad de esta última, cambiará también él exactamente igual que hace el camaleón y lo mismo estará feliz que triste; y según le mire la suerte de una u otra manera, así también cambiará su semblante y su ánimo. Del camaleón hace mención Plinio en el capítulo octavo del libro XXVIII diciendo que este animal es casi tan grande como un cocodrilo, pero que por lo demás *es diferente por la amplitud de su cola y por la curvatura más afilada de su espina.* Dice también que *es el animal más asustadizo y que por eso cambia de color.* Plutarco, en su tratadito *Cómo distinguir al adulador del amigo,* escribe que el camaleón puede imitar cualquier color excepto el blanco. En sus *Cuestiones de sobremesa* intenta dar una explicación sobre el pulpo diciendo que no solo cambia de color, cosa que también nos pasa a los hombres cuando tenemos miedo, sino que se adapta incluso a cualquier color que pueda tener la piedra. Existen también algunas aves que cambian a la vez de voz y de color en función de la estación del año, como indica el mismo Plinio en el capítulo XXIX del libro X y Aristóteles en el noveno de su obra *La naturaleza de los animales*. Y si hablamos de cambios de voz la primacía se la lleva el ruiseñor, por eso en Eurípides Hécuba le ordena a Políxena imitar a un ruiseñor haciendo todos sus sonidos, por si eso sirviera para persuadir a Ulises de no asesinarla.

EL TONTO SOLO DICE TONTERÍAS

D ice Eurípides en *Las bacantes*: *Dice tonterías como tonto que es*. Nuestro profeta Isaías compuso esta sentencia prácticamente con las mismas palabras y Séneca le escribió a Lucilio: *Se ha hecho proverbial entre los griegos: La forma de hablar de una persona se corresponde con su vida*. No está muy claro su sentido, menos mal que conservamos este poema tan conocido entre los griegos: *Se conoce el carácter de una persona por su forma de hablar*. Según Diógenes Laercio, el filósofo Demócrito decía que la forma de hablar es *imagen de la propia vida*, como una especie de sombra. No parecía posible decirlo con mayor precisión que con esta sentencia, y es que no hay espejo que refleje mejor y más claramente la figura del cuerpo como la forma de hablar refleja nuestro propio ser. Y se conoce mejor a los hombres por su forma de hablar que a los jarrones de bronce por su sonido.

LAS MANOS DEL REY SON ALARGADAS

Ya lo dejó escrito Ovidio: *¿Es que no sabes que las manos de los reyes son alargadas?*, y circula en boca de la gente: *Guár-*

date de los reyes, porque tienen brazos largos. No debe sorprendernos que, por medio de sus esbirros a los que usan como si fueran sus propios brazos, castiguen hasta a los que tienen muy lejos. Puede referirse incluso al tiempo, porque, aunque sean capaces de disimular mucho, sin embargo, lo normal es que se la hagan pagar algún día a los que les ofendieron, como dice Homero, canto primero de la *Ilíada*, cuando Calcante se expresa en estos términos: *Un rey es un dios cuando se encoleriza con un hombre inferior. Aunque digiera la ira en el momento presente, sin embargo, seguirá odiando hasta que ese odio no se haya visto satisfecho.*

UN CLAVO SACA OTRO CLAVO

*C*lavum clavo pellere, es decir, «un clavo saca otro clavo». *Paxillum paxillo depulisti*, es decir, «te deshiciste de un mal con otro mal». Dice Luciano en el diálogo *El amante de la mentira*: *Y, como dicen, arrancas un clavo con otro.* También en la *Apología*: *Me temo que si,*

40

al intento de delito, añadiera la acusación de adulación, daría la impresión de, como dice, sacar un clavo pequeño con otro grande. Escribe Aristóteles, en el penúltimo capítulo del libro quinto de la *Política*, que los amigos de los dictadores son malvados y aduladores. Y es que estos les resultan útiles a los otros, porque los malos tienden al mal: *Un clavo a otro, como dice el proverbio*, sobreentendido el verbo «saca». Sinesio escribe a Olimpio: *Los peligros externos dañan a la Iglesia; atácalos porque una escarpia saca otra.* San Jerónimo le dice al monje Rústico: *Los filósofos paganos suelen quitarse de encima un amor antiguo con uno nuevo, igual que un clavo a otro clavo.* Marco Tulio Cicerón escribe en el libro cuarto de sus *Debates en Túsculo*: *Se ha de procurar con un cambio de ubicación igual que se hace con los enfermos que no mejoran, incluso piensan que se puede cambiar un amor viejo por un nuevo igual que se saca un clavo con otro.* Escribe Julio Póllux en el libro noveno que este adagio surgió a raíz de un juego, al que llamaban *kyndalismós*, que consistía en arrancar un palillo de arcilla que estaba fijado en el suelo tirándole

41

otro, y menciona el verso proverbial: *Clavo con clavo, estaca con estaca.* El sentido del adagio no se aplica solo cuando devolvemos un daño por otro, una maldad por otra, o engaño por engaño, violencia por violencia, osadía por osadía o difamación por difamación, sino también cada vez que ahogamos una preocupación con otra, por ejemplo, cuando sofocamos las tentaciones de la libido poniéndonos a trabajar o domamos las cuitas del amor con otras aún mayores. Eusebio dice en *Contra Hierocles*: *Ese expulsa los demonios, según dicen, con otro demonio*, aunque no deja de sorprender que no mencionara el proverbio. Y no se aparta mucho de nuestro tema aquel verso de Publio el mimo: *Imposible acabar con un peligro sin otro peligro.*

NO ECHAR MÁS LEÑA AL FUEGO

*N*e incendium incendio addas*, es decir, «No sumes un incendio a otro». Lo usa Platón y su sentido es transparente: no añadas una desgracia a otra para no crear más problemas donde ya los hay. Diogeniano cree que procede de un carbonero que gritó cuando se estaba abrasando en medio de un inmenso incendio: *No añadas fuego al fuego*. Platón prohíbe en el libro segundo de *Las leyes* que los jóvenes beban vino hasta no tener los dieciocho años, no sea que, si se le suma el calor del vino al fervor de la edad, pueda parecer que están echando más leña al fuego. También lo dice Plutarco en su tratado *Deberes del matrimonio*: *No echar más leña al fuego*. También recurre a él en algunos otros pasajes, por ejemplo, en sus *Consejos para conservar la salud*: *Para no echar más leña al fuego, como dice el proverbio, abundancia a la abundancia ni vino al vino*.

UN MAL CONSEJO

«Aconséjame mal que peor te irá». Este verso se vuelve proverbial porque se cierne sobre la cabeza de quienes aconsejaron a los demás con malas intenciones. Y es que, como dicen los griegos, «un consejo es sagrado». Pues igual que lo debemos recibir de buen grado, cuando la ocasión lo requiere, también hay que darlo con honestidad y sin la menor sombra de engaño cuando alguien lo necesita. De lo contrario siempre habrá algún espíritu que se la haga pagar a quien viola con alevosía lo sagrado y divino. Aulo Gelio, en el capítulo quinto del libro cuarto, cree que este adagio procede de una anécdota que ha tomado de los *Anales Máximos* y de las *Historias* de Verrio Flaco, y la cuenta de este modo: *Un rayo alcanzó la estatua del héroe Horacio Cocles que habían colocado en los comicios de Roma. Para purificar la acción, los arúspices llegados de Etruria, dejándose llevar por un ánimo hostil y enemigo a los intereses de Roma, decidieron expiar el hecho con ritos contrarios a la tradición y los convencieron de mala fe de que debían trasladar la estatua a un lugar más bajo donde no le alcanzara el sol por oposición de los otros templos. Pero, apenas habían convencido a los romanos de que las cosas eran así, estos los delataron y los entregaron al pue-*

blo y los ejecutaron nada más confesar su traición. Y salió a la luz que esa estatua, como aconsejaban las disposiciones genuinas, descubiertas más tarde, debía estar dentro del templo expuesta en un lugar de prestigio dentro del área de Vulcano. Así llegó el bien y la prosperidad al pueblo romano. Entonces, toda vez que se había cumplido la advertencia y la venganza sobre los arúspices etruscos, dicen que surgió este verso no exento de gracia que comenzaron a canturrear los chiquillos por toda la ciudad: *Aconséjame mal que peor te irá*. Hasta aquí el texto de Gelio. Por lo demás, Valerio Máximo menciona una historieta muy parecida a propósito de Papirio Cursor en el libro séptimo de sus *Hechos y dichos memorables*. Una vez, siendo cónsul, decidió entablar combate con los enemigos durante el asedio de Aquilonia, siempre que no se lo desaconsejaran los auspicios. Pero resultó que el augur encargado de las aves le convenció para atacar, a pesar de que las propias aves habían anunciado terribles desgracias. Cuando el cónsul se enteró, colocó al augur en primera línea de batalla y, cuando la primera flecha lo atravesó por la mitad, pagó el precio de su transgresión. También menciona este suceso Tito Livio en el libro décimo de la primera década. Y no es muy diferente lo que refiere Sócrates en la *Historia tripartita*. El eunuco Eutropio convenció a la vez a unos hombres de que se refugiaran en el templo y al emperador de que aprobara una ley por la cual el respeto al templo no pudiera beneficiar a los culpables. Le ley se promulgó, pero sucedió que Eutropio terminó ofendiendo al César y, cuando se quiso refugiar bajo el altar, lo sacaron de allí y lo condenaron a muerte: su propio consejo fue su perdición. Virgilio alude tácitamente a esta paremia en el libro duodécimo de la *Eneida*, cuando dice: *Cae también el augur Tolumnio, el primero que disparó su lanza contra el enemigo*. M. Varrón, en el libro III, capítulo I, de su *Tratado sobre el campo*, cita claramente el adagio con estas palabras: *Creo que no solo hay que dar por bueno eso de «aconséjame mal que peor te irá», sino que es también un buen consejo tanto para el que lo da como para el que lo recibe*. Sófocles dice en *Electra*: *No hay cosa peor que un mal consejo*, poniendo el énfasis en lo malo para quien recibe el consejo. Es evidente que este verso latino, el mismo con el que nos advertía Gelio, está implícito en estos versos griegos de Hesíodo que leemos en su obra titulada *Trabajos y días*: *Se daña a sí mismo quien pretende dañar a otro. Un mal consejo es lo peor para quien lo aconseja*. Plutarco considera, en su tratadito *Cómo escuchar a los poetas*, que el significado de este verso es el mismo que lo que pretende decir Platón en el diálogo *Gorgias*, cuando Sócrates dice que es peor recibir una ofensa que hacerla, y mucho más perjudicial cometer una mala acción que recibirla. Y casi con las mismas palabras se encuentra esta sentencia en el capítulo 27 del Eclesiástico, que es de autor hebreo: *El mal consejo se volverá contra quien lo da*. En este sentido despunta el fabulista griego, que no es el más elegante, pero sí merece que lo añadamos a nuestro comentario. Todos los animales rendían visita al león en virtud

47

de su cargo, porque lo consideraban su rey, aunque estaba enfermo y viejo y por eso no salía de su cubil: todos, menos la zorra. Entonces el lobo, aprovechando la oportunidad, acusó a la zorra de lesa majestad, porque no respetaba en absoluto al león, que era la cima de todas las cosas, y no se acercaba a visitarlo por desprecio. En eso que se apareció la zorra en plena intervención del lobo y escuchó la última parte de su discurso. El león, nada más verla, comenzó a rugirle, pero ella pidió un momento para disculparse y dijo: «¿Quién de todos estos que han venido hasta aquí te es tan útil como yo, que he recorrido medio mundo y te he encontrado la medicina para tu enfermedad?». El león le ordenó entonces que le revelara el remedio y ella le dijo: «Mejorarás si despellejas vivo al lobo y te pones su piel». El león se lo creyó y abalanzándose inmediatamente sobre el lobo lo mató. La astuta loba se echó a reír sobre su cadáver, porque el mal consejo de aquel farsante se había vuelto contra él. Plutarco también refiere un poema que dice así: *Quien prepara el mal para otros, no hace sino prepararse su propio mal*.

A CADA UNO LE GUSTA LO SUYO

Esta frase proverbial que dice «A cada uno le gusta lo suyo» se aplica a quienes les gusta lo suyo, con independencia de lo que sea, más por propia apetencia que por juicio crítico. Procede de la mentalidad colectiva de la gente, que tiene tan dentro de sí la *filautía*, es decir, «el amor por sí mismos», que no hay quien encuentre a nadie tan sencillo, tan aplicado ni tan prudente que la querencia de su alma no lo ciegue o lo embelese en la valoración de lo suyo. ¿Se ha visto alguna vez a alguien que no piense que su país es el mejor, por mucho que esté sin civilizar? ¿Hay algún pueblo tan salvaje y con una lengua tan detestable que no desprecie a las demás? ¿Hay alguien con un cuerpo tan animalesco que no le parezca a él mismo, sin embargo, el más hermoso? Con razón escribió entonces Aristóteles en el libro segundo de la *Retórica*: *Como cada uno ama lo suyo y conviene que a cada uno lo suyo le parezca adecuado, como los hechos y los dichos; por eso los aduladores le caen bien a todo el mundo*. Y aunque en términos generales es válido para todos eso que dice Horacio de que *el amor por uno mismo es ciego*, sin embargo, parece que le va muy bien a los artistas, pero más todavía a poetas y amantes. Con toda razón escribe Aristóteles, en el libro cuarto de la *Ética a Nicómaco*, que todos los artistas se deleitan con sus propias obras, exactamente igual que si hubieran nacido de ellos mismos. Y pasa lo mismo con los poetas, que quieren a sus poemas como los padres a los hijos. La obra del artista es prácticamente como un feto de la inteligencia, por lo que Sócrates estima más a la partera que a la propia madre. Del mismo modo, es costumbre que los esposos enamorados compitan por ensalzar cada uno a su propia esposa. Ejemplo palmario lo encontramos en la historia de los jóvenes

Tarquinios. De ahí se explica la opinión popular, pero sabia, de que es imposible encontrar un enamorado que no resulte atractivo e incluso que los amantes creen que resulta atrayente hasta lo feo. Esta sentencia la compuso con estilo Teócrito en la *Égloga* sexta: *Y no es extraño, Polifemo, que lo que no es en absoluto bello, bello le parece al amor.* Platón dijo lo mismo, pero al revés, en *Lisias: Me temo que, según el viejo adagio, lo bello coincida con lo amado,* como si debiéramos considerar que algo es bello solo por ser amado, cuando lo conveniente es que lo amemos por ser bello. Tiene relación con esto lo que escribió Marco Tulio Cicerón en el libro quinto de *Los confines del bien y del mal: Cada uno se rige según sus propios afanes.* Y también en el primero de *Los deberes: Ambos se deleitaron con su propia disciplina despreciando la otra.* Aunque podamos conceder que la *filautía* colectiva pueda tener sentido hasta aquí, es decir, que cada uno favorezca un poco más a sus propios hijos, a sus artes, a sus empresas, a sus estratagemas y a su patria, salvo que eso nos conduzca a la ceguera de despreciar las virtudes ajenas y de recrearnos en nuestros propios vicios adornándolos con el nombre de virtudes, y que cada uno sea para sí mismo lo que fueron aquel Sufeno que menciona Catulo o el Mevio de Horacio. Flaco puso el acento en este vicio escribiendo en sus *Epístolas*: *Mientras me agraden mis errores, o incluso me encandilen*. Pero Porfirio señala en este pasaje que Horacio alude a la opinión generalizada de que los hombres no solo no se duelen de sus males, sino que gozan con ellos; con respecto a esto, dice que hay un famoso adagio griego, pero no figura en el texto por culpa de los copistas. Tiene relación con este mismo tema lo que dijo Horacio en otro pasaje: *Los defectos repugnantes engañan al ciego, o incluso le agradan, igual que a Balbino la verruga de Hagna*. Y es que al tonto de Balbino incluso la verruga de su amiga le parecía que olía muy bien. Pero la verruga es una excrecencia de la nariz que huele muy fuerte, como el olor a choto de las axilas, por eso se dice que algunos hombres son verrugosos y otros de olor chotuno. Marco Tulio Cicerón escribe en el libro decimocuarto de las *Epístolas a Ático*: *Recibe de mi parte, mi querido Ático, un teorema universal sobre estos asuntos en los que tengo mucha práctica. No ha existido nunca orador o poeta que pensara que hubiera otro mejor que él. Esto les sucede especialmente a los malos; ¿qué opinión tienes sobre Bruto, orador hábil y erudito? Lo hemos padecido hace poco en el edicto. Lo escribí a petición tuya. A mí me gustaba el mío, a él el suyo. Es más, cuando le escribí movido por sus peticiones sobre cuál era el mejor tipo de orador, no solo me escribió a mí, sino también a ti, que él no aprobaba lo que me gustaba a mí. Por eso, dejemos, por favor, que alguien se lo escriba: a cada uno su esposa, a mí la mía; a cada uno su amor, a mí el mío. No es lo más elegante, pero lo escribió Atilio, un poeta bastante grosero.* Hasta aquí las palabras de Cicerón. Parece deducirse de sus palabras que estos dos versitos, *A cada uno* etc. están tomados de alguna comedia atelana. El propio Tulio Cicerón dice en el libro quinto de sus *Debates en Túsculo*: *Hemos aceptado al más apasionado de la música, incluso a un poeta trágico, bueno o malo no viene al caso, pues en este género, no sé*

por qué más que en otros, a todo el mundo le parece
que su obra es buena. Todavía no he conocido un solo
poeta (y eso que he tenido amistad con Aquinio) que
no creyera ser el mejor. Así están las cosas. A ti te gusta
lo tuyo, a mí lo mío. Esta misma sentencia la
escribió Plauto en el *Estico* con palabras
diferentes, pero con un estilo exquisito:
A la reina le gusta su rey y a cada esposo su esposa.
También debemos citar en este punto
aquel verso de Teócrito que dice: *Mi imagen*
no me parece en absoluto mala, si es que me dicen la
verdad. Virgilio, imitándole, escribió: *No*
soy yo tan feo; hace poco me vi en la orilla, cuando
el mar estaba sosegado de los vientos. Con mayor
claridad aludió Horacio a este adagio en
una de sus *Epístolas: Guardas estas cosas para*
los oídos de Júpiter, crees que las mieles de la poesía
solo manan de ti, que te crees guapo. Ese *que te crees*
guapo significa que te gustas a ti mismo.
No se aleja mucho de esta formulación lo
que san Agustín aduce en muchos pasajes, y en este en concreto de la carta XLVIII
de un tal Ticonio: *Santo es lo que deseamos.*
Se trata, no obstante, de un hemistiquio
de un poema heroico. Ojalá no hubiera

lugar para este dicho en las costumbres de quienes hoy siguen reivindicando para sí mismos la piedad con mayor arrogancia de lo que lo hicieron una vez los fariseos que, a pesar de rebosar de vicios insoportables e innombrables criticaban, sin embargo, con suma dureza la vida ajena.

EL COMIENZO ES LA MITAD DEL TODO

*P*rincipium dimidium totius, es decir, «el comienzo es la mitad del todo». Con este adagio se indica que la parte más difícil de una empresa son sus inicios. Se trata de un hemistiquio de Hesíodo citado por Luciano en su *Hermótimo*. También lo refiere Aristóteles en el libro quinto de la *Política*: *Se dice que el comienzo es la mitad del todo.* Y Platón en el sexto de *Las leyes*: *Ya lo dice el proverbio: «El comienzo es la mitad de toda la tarea». Es cierto que todos elogiamos un buen comienzo, pero eso, según me parece, es bastante más que la mitad. Y, cuando se hace correctamente, no lo ha elogiado nadie lo suficiente.* El léxico de Suidas lo refiere a propósito de un tal Marino: *Aquello representó para nosotros el inicio, pero no solo el inicio ni tampoco la mitad del todo, como dice el proverbio, sino la totalidad por completo.* Aristóteles también lo menciona en la *Ética a Nicómaco*: *El principio parece ser algo más que la mitad del todo.* Horacio dice en las *Epístolas*: *Quien comienza tiene la mitad de lo hecho: atrévete a ser sensato.* Y Ausonio: *¡Empieza! Comenzar es tener la mitad de lo hecho; te queda solo otra mitad; ¡empieza y lo conseguirás!* Plutarco, en el tratado *Cómo hay que escuchar a los poetas*, cita este poema de Sófocles: *Si empiezas correctamente una tarea, lo más probable es que su final sea igualmente correcto.*

EL CANTO DEL CISNE

Cygnea cantilena, es decir, «la canción del cisne». Se cuenta entre los proverbios de origen griego. Lo menciona Eliano en su obra *La naturaleza de los animales* a modo de proverbio. Se aplica a quienes en el último momento de su vida hablan espléndidamente o escriben aún con mayor elegancia en la última parte de la vejez. Es normal que las últimas obras de los escritores sean menos duras y más refinadas, especialmente porque la elocuencia madura con la edad. Por lo demás, el hecho de que los cisnes emitan unos cantos maravillosos en el preciso instante de su muerte se ha mencionado tantas veces en todas las literaturas como pocas se ha comprobado o creído. Y es que Luciano niega incluso haber visto cisnes cuando navegaba por el río Po. Eliano añade que los cisnes no cantan a menos que sople el viento Céfiro, que los romanos llaman Favonio. Marcial escribe: *Aun desprovisto de lengua, canta el cisne bellas canciones, cantor de su propia muerte.* Y no faltan los filósofos que intentando explicar la causa afirman que el hecho se produce por el esfuerzo que tiene que hacer el alma al salir por ese cuello largo y estrecho. San Jerónimo, elogiando la elocuencia propia de la vejez, dice después de mencionar a algunos escritores: *No sé qué especie de canto del cisne han hecho todos estos cuando tuvieron cerca la muerte.* El mismo santo en el

57

Epitafio de Nepociano: ¿Dónde está nuestro contramaestre y voz más dulce que el canto de un cisne? Y yo mismo en un epigrama que compuse hace ya tiempo dedicado al nunca bien elogiado mecenas de todas las disciplinas, Guillermo, el obispo de Canterbury: *Verás nacer blancos poetas, tan sonoros y armoniosos que derramarán en los altos astros el poema de un cisne que escuchará tanto nuestra época como la posteridad.* También recuerda el adagio Ateneo en el libro xiv del *Banquete de los eruditos* tomando como fuente a Crisipo. Cuenta el caso de un tipo que se reía hasta tal punto de todo que, cuando el matarife iba a ejecutarlo, dijo que no quería morir sin antes cantar el canto del cisne, pensando, creo, en una tontería tal que no dudaría en morir en cuanto la hubiera pronunciado. Marco Tulio Cicerón dice así de L. Crasso en el prefacio del libro tercero de su tratado *El orador*: *La voz y el discurso de este fueron como cisnes de origen divino; después de su muerte nos fuimos a la curia, casi como si lo estuviéramos esperando, para contemplar aquella última huella que nos había dejado por última vez.*

SABIOS SOLO HASTA LA BARBA

«Sabios, sofistas y filósofos solo hasta la barba». Así se decía de quienes de filósofos no tenían más que la barba y el manto. Platón lo usa muchas veces en el *Banquete*. También aludió a ello Horacio cuando dijo: *Le ordenó al sabio dejarse la barba*. Luciano también se burla de la barba larga de los filósofos. El personaje de Bagoas dice en el *Eunuco*: *Si hubiera que medir a los filósofos por la barba, los machos cabríos se llevarían la palma*. Marcial dice algo parecido: *Y no te cuelga del mentón una pequeña barba*. Se podría aplicar también correctamente a quienes depositan toda su honestidad no en su forma de ser ni en sus costumbres, sino en las apariencias.

TANTOS HOMBRES COMO PARECERES

No hay sentencia más trillada incluso hoy en día que esta de Terencio: *Tantos hombres como pareceres*. Se le parece esta otra que también es suya: *Cada uno tenía sus costumbres*. Persio también dice: *Hay mil tipos de hombres y cada uno actúa a su manera. Cada uno tiene su querencia y no hay una única forma de vida*. Tiene que ver también con este tema aquel epigrama que dice que es posible encontrar a quien quiera ceder sus tierras familiares, pero a nadie que quiera ceder en sus decisiones. Horacio añadió una alegoría que viene como anillo al dedo: *Me parece como si tres comensales que no están de acuerdo piden cada uno un plato diferente porque tienen gustos diversos*. La primera de las odas que escribió Horacio tiene el mismo argumento de esta sentencia: a cada uno su afán lo lleva por un camino y cada uno tiene sus propios intereses. Terencio aludió a este tema con bastante gracejo en su obra *Formión*, cuando, de los tres abogados que menciona, el primero afirma, el segundo niega y el tercero cree que hay que reflexionar. Parece que también aludió a este tema el apóstol san Pablo cuando nos aconseja que en caso de deliberación permitamos que cada uno siga sus propias convicciones. Si el atajo de teólogos hiciera caso a este consejo, no tendríamos hoy las disputas encarnizadas que nos traemos por menudencias: podríamos ignorar toda una serie de cuestiones sin menoscabar en absoluto nuestras creencias. Eurípides desarrolló aún más esta sentencia en las *Fenicias*: *Si lo bello y lo sabio fueran igual para todos, no habría ambigüedad alguna en el hombre; pero ahora no hay nada que sea igual, nada es igual para los mortales salvo la armonía que alcanzan con estas palabras; pero, en verdad, las cosas no son así.* El mismo autor en *Hipólito coronado*: *Cada uno tiene sus preferencias entre los dioses y los hombres.* A esto mismo se refirió Homero en el canto XIV de la *Ilíada*: *Y es que a cada uno le gusta y le agrada una cosa distinta.*

SOPORTA SIN RECHISTAR LO QUE NO PUEDES EVITAR

De todas las sentencias del mimo Publilio Siro que reflejaban perfectamente la sabiduría popular y que circulaban entre la gente, Aulo Gelio cita unas cuantas, y una de ellas es esta, sin duda mucho más útil que cualquier dogma filosófico: *Soporta sin rechistar lo que no puedes evitar*. Con estas palabras nos está aconsejando suavizar con equidad de ánimo la fatalidad del destino que no es posible doblegar ni vencer en ninguna circunstancia. Nada distinto a lo que nos enseña Eurípides, aunque con otras palabras, cuando dice en las *Fenicias*: *Debemos soportar el destino que lo dioses nos reservan*. Y al final de la misma tragedia escribe: *Necesario es que el hombre soporte el destino que los dioses le reservan*. Homero dice en el libro noveno de la *Odisea*: *Nadie puede evitar el mal que Júpiter le manda*. También se refiere a esto la sabia sentencia de Varrón: *Los defectos de tu mujer, o los aguantas o los soportas*. También este otro adagio que comentaremos en su momento: «No des coces contra el aguijón».

NO SON REGALOS LOS REGALOS
DE LOS ENEMIGOS

La creencia de los antiguos sostenía que se debía tener especialmente en cuenta quién hacía los regalos y con qué intención. Además, tenían claro que casi siempre nos provocarían la ruina los regalos que nos pudieran dar quienes nos desean el mal. Eso fue lo que pasó con la cajita aquella traicionera que Júpiter le envió a Prometeo por medio de Pandora. Y lo mismo con aquellos ropajes que Medea le regaló a Jasón en sus segundas nupcias. Y también aquellos otros que Deyanira le envió a Hércules. Los estudiosos de paremiología creen que este proverbio encuentra su origen en una historia que refiere Homero en el libro séptimo de la *Ilíada*. Cuenta que Héctor y Áyax se hicieron amigos y se intercambiaron regalos: Héctor le regaló a Áyax una espada y Áyax a Héctor un cinturón. Luego el regalo de cada uno se convirtió en la ruina del otro. Y así fue porque

Ulises venció a Áyax y, cuando él mismo supo lo que la locura le había llevado a hacer y decir, se dio muerte con esa espada. Del mismo modo, Aquiles mató a Héctor junto a las murallas de Troya por culpa del cinturón. Sófocles también refiere el adagio en *Áyax portador del látigo*, pero no dice que se haya originado a raíz de los sucesos de Áyax, sino que parece que lo usa como un viejo proverbio. En cuanto decretó que moriría, maldice la espada que antaño había aceptado de su amigo afirmando que le había sido de mal agüero y que nunca más les iría bien a los argivos. Y después confirmó el presentimiento repitiendo el conocido proverbio: *Qué cierto es ese proverbio de los hombres que dice que no son regalos los regalos del enemigo, sino malos y funestos augurios*. De esto también habla un epigrama griego que dice así: *La espada que le dio Héctor a Áyax, el cinturón de Áyax a Héctor, para ambos el regalo fue su perdición*. Se dice también en este otro epigrama: *Y así es como llegan de enemigo a enemigo letales regalos que portan malos augurios y muerte bajo la apariencia de afecto*. También tienen que ver con este tema las palabras que dijo Medea, según Eurípides, cuando rechazaba los regalos de Jasón como portadores de desgracia: *Los dones de un hombre malvado no causan provecho*. Servio nos muestra que Virgilio aludió a este tema cuando dijo en el libro cuarto de la *Eneida*: *Desenvaina la espada del troyano, regalo no destinado a ese fin*. Está hablando de la espada que Eneas le dejó a Dido y con la que luego se atravesó. La propia Dido llama a Eneas enemigo impío. Habría que agregar a este pasaje lo que aconsejan los proverbios de la Sagrada Escritura que nos dicen que no debemos fiarnos de los enemigos reconciliados. Del mismo modo también es proverbial aquel verso senario que dice: *Nunca des por amigas las palabras de un enemigo*. Y este otro parecido: *Desconfía del enemigo y no recibirás daño alguno*. También se puede aplicar a esas personas que son pobres y se dedican a engatusar a los ricos con pequeños regalos para provocar su generosidad, porque esto no es dar regalos, sino exigirlos. Por eso Plutarco en su tratadito *La E de Delfos* recuerda el verso que Dicearco cree que Eurípides habría dirigido a Arquelao: *Siendo pobre no querría dar nada al rico para que no me tomaran por tonto, dando la impresión de que pido regalos bajo la apariencia de un presente.* Se puede adaptar también a los que utilizan una serie de recursos (que luego no les traen más que la ruina) para sus encantamientos demoníacos y, por último, incluso contra los captadores de herencias, que, sea cual sea la actividad, no las obtienen de buena fe, sino esperando algo más. Así pues, si cambiamos una palabrita, la paremia quedará más o menos de este modo: «No son regalos los regalos de los parásitos» y, ya para terminar, «No son regalos los regalos de los poetas», como advertíamos en el prólogo de esta obra.

ME LLAMO DAVO, NO EDIPO

La inteligencia de Edipo para proponer y al mismo tiempo resolver enigmas ha pasado a la posteridad por la resolución del misterio de la Esfinge, hasta tal punto que la sola mención de su nombre se ha convertido en un proverbio, como pasa en la *Andria* de Terencio, donde un esclavo que simula no entender lo que su amo le ha dicho contesta: *Me llamo Davo, no Edipo*. Y, si cambiamos de nombre, cualquier persona podría responder de esta manera: «Me llamo Pablo, no Edipo», «me llamo Antonio, no Edipo». Esta expresión proverbial por sí misma se puede adaptar de esta misma forma a partir de un personaje o un hecho conocido de todos, por ejemplo: «¿Cómo podría recordar yo todas esas cosas? Me llamo Pedro, no Lúculo» o «¿Quién podría soportar tanto trabajo? Me llamo Nicolás, no Hércules» o «¿Cómo te podré convencer de algo tan penoso? Me llamo Ricardo, no Cicerón». Se parece bastante a este dicho de Terencio aquel otro de Eurípides en *Hipólito coronado*: *No soy adivino como para conocer con claridad lo que está oculto*. También el mismo autor dice en *Hécuba*: *No soy adivino como para, sin oír, conocer la senda*

de tus intenciones. Se podría aplicar entonces contra aquellos que hablan de forma
oscura o enigmática por su trabajo o contra esos que complican su estilo por propia incompetencia o por una supersti-
ciosa afectación de palabras desconocidas
y necesitan más un adivino que un lector.
Tanto Platón, en diferentes pasajes, como
Aristóteles en el libro tercero de la *Retórica*,
da fe de que Heráclito fue uno de ellos y
añade que la oscuridad de este hombre
se debe al uso ambiguo de las palabras,
puesto que no está nada claro cuándo un
término concierta con el anterior o con el
siguiente. Por eso Sócrates dijo que para
entender esos libros hacía falta un nada-
dor de Delos. Marcial alude a esta situación cuando bromea sobre el estilo afec-
tado y oscuro de Sexto: *Tus libros no tienen
necesidad de lectores, sino de Apolo; según tu criterio
Cinna fue más grande que Marón*. San Jerónimo
le reprocha a Joviniano el mismo defecto
que a Heráclito. Sin embargo, Diógenes Laercio escribe que este filósofo usa,
cuando quiere, un discurso excelente, de

modo que la oscuridad parece totalmente impostada a propósito, hasta el punto de que solía ordenarles a sus discípulos que «*se oscurecieran*».

HASTA EL FIN NADIE ES DICHOSO

Destaca entre las *Historias* de Heródoto la famosísima anécdota que cuenta que Solón le contestó a Creso que no se podía decir que nadie había sido dichoso hasta que no hubiera pasado felizmente por esta vida. Juvenal se refiere a ello cuando dice: *Solón le aconsejó con su elocuente facundia que se fijara en la última parte de sus últimos días*. Sófocles fue un poco más explícito con esta sentencia en *Edipo rey*: *Hay que considerar hasta el último día de los mortales para poder decir que alguien ha sido dichoso, a menos que no haya pasado toda su vida sin sufrir mal alguno*. Nos dejó la misma sentencia con algunas pequeñas diferencias en las *Traquinias*: *Viejo proverbio circula entre los hombres: nadie puede decir de nadie si ha sido bueno o malo antes de ver su último día, cuando haya cumplido los años dictados por el destino.* Eurípides lo dice de forma parecida en *Andrómaca: No digas de nadie que ha sido feliz antes de haber contemplado el último día de su vida.* Y también en las *Las troyanas: No digas que ha sido dichoso ninguno de esos a los que la fortuna sonríe con vientos favorables antes de que haya cumplido felizmente sus días.* Repite la misma sentencia, pero con otras palabras, en los *Heraclidas: Por lo demás, y tal como están las cosas, él anuncia públicamente a todos los mortales y les enseña que no consideren dichoso a nadie al que parece que le va bien antes de haberlo visto abandonar esta vida; hasta tal punto pueden cambiar las cosas.* Ovidio dijo así en las *Metamorfosis: Conviene que el hombre espere siempre al último día y a nadie hay que llamar dichoso antes de su muerte y de las supremas exequias.* De hecho, hoy en día está en boca de todos que solo se debe valorar algo cuando está terminado.

VENDER HUMO

Tiene Marcial un adagio acertadísimo que dice «Vender humo» y que significa que se vende el favor de los gobernantes bajo recomendación por la familiaridad que se tiene con ellos, pues da la impresión de que el humo anuncia el comienzo de algo grande, pero luego se esfuma completamente. El poema en cuestión de Marcial es este: *Ni vender vanos humos delante de palacio, ni aplaudir a Cano, ni aplaudir a Gláfiro.* Por eso llamamos humo y niebla a la esperanza vana y a la ostentación de grandes cosas. San Jerónimo escribía en *Contra Rufino*: *De un bosque tan inmenso de libros no puedes sacar un solo esqueje o una sola ramita. Esto sí que es humo y niebla.* Todo porque Rufino le había echado en cara presentar las letras de los poetas a unas jóvenes incapaces de comprenderlas, como si fueran humo. Pero Jerónimo le da la vuelta al proverbio que Rufino había malinterpretado estúpidamente y le señala con mayor precisión que el humo no simboliza incomprensión, sino ostentación vana y falsa. Plutarco, en *El demon de Sócrates*, dice: *Disipó la cortina de humo de la filosofía sobre los sofistas.* Por lo demás, Elio Lampridio describe con estilo y todo lujo de detalles en la *Vida de Heliogábalo* que este tipo de hombres es una peste inmensa en las cortes reales. Me ha parecido oportuno reproducir sus palabras: *Zótico se hizo con tanto poder bajo su mandato que los responsables de todos los negociados lo consideraban casi como el marido del emperador. Era además este mismo Zótico el que, abusando de la confianza, había vendido todos los dichos y hechos de Heliogábalo, esperando inmensísimas riquezas del humo prometiendo a diestro y siniestro, pero engañando a todos. Cuando salía de palacio decía a cada uno con el que se encontraba: «Le he dicho esto de ti», «he oído esto de ti», «esto es lo que va a ser de ti». Y es que así son los hombres de esta calaña que, si se les dan demasiadas confianzas con el príncipe, venden la reputación no solo de los malos emperadores, sino también de los buenos. Y se alimentan de infame rumorología ante la idiotez o necedad de los emperadores, que no se enteran de nada.* Hasta aquí Elio Lampridio. Por lo demás, el adagio hizo más famoso el suplicio de Verconio Turino, que el propio Elio refiere de este modo en la *Vida de Alejandro Severo*: *No recibía él solo a nadie nunca después de mediodía o a primera hora de la mañana, porque sabía que habían dicho muchas falsedades de él, especialmente Verconio Turino; como el emperador lo tenía en su séquito, este había vendido todo con tales mentiras que había difamado el poder de Alejandro como si este fuera un idiota al que tenía bajo su control y al que podía convencer de muchas cosas. Pero, al final, el emperador lo capturó con un truco: infiltró un hombre que le pidió a él algo en público, pero a Turino en secreto, como si le estuviera pidiendo ayuda para que interviniera por él sin que lo supiera Alejandro. Así se hizo; Turino, vendiendo por anticipado el resultado, le prometió su ayuda y le dijo que ya le había hablado al emperador, cuando en realidad no le había dicho nada, pero que de él dependía que le siguiera rogando; entonces Alejandro ordenó que se hiciera la petición de nuevo y Turino, como haciendo otra cosa, obedeció a sus órdenes y, aunque no dijo nada, consiguió lo que se pedía; Turino recibió una gran recompensa, cual vendedor de humo, por parte de quien había solicitado sus ser-*

vicios. Alejandro ordenó después que se le acusara. Los testigos probaron todos los cargos: los que estuvieron presentes dieron fe de lo que había recibido y los que habían escuchado sus promesas lo que había prometido. Ordenó que se le atara a una columna en el Foro Transitorio y se le ejecutara aplicándole fuego que había ordenado prender con paja y leña húmeda, mientras un pregonero decía en voz alta: castigo de humo recibe el vendedor de humo. Y para no parecer demasiado cruel en un único proceso, promovió una investigación concienzuda y descubrió que Turino, en cada negocio, había recibido de ambas partes y de todos aquellos que habían recibido cargos o provincias. Y en este mismo punto, un poco más adelante, dice: *Y no permitió que nadie más vendiera humo a su costa ni le hablara mal de otros, especialmente tras la ejecución de Turino, que le había vendido en varias ocasiones como un tonto y un demente.* Y la razón de mencionar el Foro Transitorio la explica el mismo autor en esta misma *Vida* cuando dice en el mismo párrafo: *Ordenó que fuera crucificado quien había vendido humo a su costa y había recibido cien monedas de oro de un soldado en ese camino que solían transitar sus esclavos para ir a los dominios imperiales*

74

fuera de la ciudad. Por lo demás, se cuenta que el emperador Avidio Casio fue el primero al que se le ocurrió ese tipo de suplicio: *Colocar una viga de madera muy larga, de unos ochenta pies, y colgar a los condenados cabeza abajo y prenderle fuego desde abajo y así mientras unos se quemaban, a otros los mataba la tortura del fuego y también el miedo.* Hasta aquí la *Historia Augusta.* Sin duda se trataba de un suplicio horrible, pero digno de unos hechos tan perniciosos. Pero ojalá que todavía hoy no siguiera brotando este tipo infame de hombres, pero no solo en las cortes de los gobernantes, sino en los palacios episcopales, y ya no solo no hubiera más Turinos, sino incluso peores que Turino; y es que los hay que no solo venden en falso sus gestiones, sino que cuentan ese mismo silencio de Demóstenes, pero hay algo peor que estas dos cosas: dañar con el veneno de la lengua a esos mismos que pagaron por tus gestiones. Ojalá se afanaran por imitar los gobernantes de nuestro tiempo a Alejandro Severo que, aunque pagano, y además de linaje sirio, y extremadamente joven, sin embargo, fue hasta tal punto enemigo de aduladores, delatores, jueces ladrones, vendedores de humo y corruptelas de este tipo de cortes que, aunque fuera de muy buenos modales, fue implacable con todos ellos. Circula todavía en nuestros días este proverbio como maravillosa advertencia para todos los que viven de la corte. Hablan incluso de «incienso cortesano» para referirse a ese vapor que se esparce en los templos con un incensario colgante. No difiere mucho del nuestro. También llaman «agua bendita cortesana» al agua que se coloca a la entrada de los templos para que quien entra o sale se rocíe con ella.

MEZCLAR CIELO Y TIERRA

Se trata de una hipérbole con la que se indica que todo se ha mezclado, pero que no se ha hecho nada. Tito Livio dice: *¿Por qué han mezclado la tierra con el cielo y* *el cielo con la tierra?* Y en otro pasaje: *¿Qué ha pasado entonces para que hayan mezclado cielo y tierra?* Juvenal: *Aunque grites y confundas cielo y tierra, no dejo de ser un hombre.* Luciano en el *Diálogo entre Prometeo y Mercurio:* *¿Qué necesidad había de, como dicen, mezclar cielo y tierra?* Virgilio en el libro quinto se refiere a Juno de este modo por intentar hacer de todo: *Mezcló todos los mares con el cielo.* En el libro duodécimo con una pequeña variación: *Aun cuando arrolle la tierra la tromba de un diluvio y precipite su mole entre las olas o aunque arrumbe en el Tártaro la bóveda del cielo.* Aristófanes lo dijo en *Lisístrata* con una expresión no muy diferente: *Que el altitonante Júpiter no mezcle lo de arriba con lo de abajo.* Plutarco lo usa en la *Vida de Rómulo* en el sentido de que mezclan cielo y tierra quienes hacen dioses a partir de hombres y hombres a partir de dioses y atribuyen a los dioses las cosas que son propias de los hombres: *Renegar por completo de la divinidad de la virtud es poco devoto y poco noble; por lo demás, mezclar cielo con tierra es propio de la insensatez.*

MEZCLAR SACRO CON PROFANO

Horacio dijo con una expresión similar: *Mezclarás lo sacro con lo profano*, es decir, no serás capaz de hacer nada y, además, mezclarás lo lícito con lo ilícito. En la Antigüedad había una gran diferencia entre el mundo de los hombres y el de los dioses, hasta tal punto que Homero distingue entre las palabras que solían usar los dioses de las humanas, y Pitágoras aconsejaba abstenerse de usar algunas que estaban dedicadas exclusivamente a las deidades. De ahí que quien no tiene nada que hacer ni se atreve a hacer nada mezcle lo sacro con lo profano.

TODO OBEDECE AL DINERO

Parece que esta sentencia no se les caía de la boca a los antiguos igual que ahora la sigue usando todo el mundo: «Todo obedece al dinero». Forma parte de los proverbios de los hebreos, en concreto en el Eclesiastés, capítulo décimo, aunque no es menos conocida por los autores griegos y latinos. Eurípides dice en las *Fenicias*: *Nada hay más querido por los hombres que el dinero y entre los hombres es lo único que vale*. También lo dice Aristófanes en *Pluto*: *¡Ay! En ningún sitio encontrarás nada puro, todos son víctimas por igual del dinero*. También alude a ello lo que dijo Demóstenes en la primera *Olíntica*: *El dinero es necesario y nada de lo que hay que hacer se puede hacer sin él*. Y de nuevo Aristófanes, en la misma comedia *Pluto*, lo expone con cierto gracejo: todo lo bueno o malo que hace la gente, lo hace solo por dinero; por qué no hacer entonces por ese mismo motivo los sacrificios a los dioses. Y entre otras muchas cosas, refiere esta sentencia universal: *Si la gente cree que hay cosas buenas, bellas y agradables, solo pueden venir de ti. Sin duda todo está subordinado a la riqueza*. Más tarde, Horacio llamó rey al dinero: *El rey dinero te proporciona una mujer con dote, esperanza y amigos, linaje y belleza*. Pero nadie describió la tiranía del dinero con mayor finura que Eurípides cuando hizo hablar a Belerofonte de este modo. Séneca reproduce algunos de sus versos en el libro XXI de las *Epístolas* (porque el original no se ha conservado). Como tienen gracia e ingenio, no me resisto a transcribirlos, aunque sea corregidos en algunos pasajes, porque en la tradición manuscrita de Séneca están plagados de errores: *Deja que me llamen despreciable, aunque también rico. Nadie te pregunta si eres rico o bueno, pero todos lo buscamos. Solo te preguntan cuánto tienes, nada importa por qué lo tienes y de dónde lo has sacado; en cualquier sitio vales cuanto tienes. ¿Qué es lo que nos da vergüenza tener? La respuesta es la nada. Todos preguntamos si alguien es rico, nadie pregunta si es bueno; nadie te pregunta si deseas vivir rico o morir pobre. Tiene buena muerte quienquiera que muera mientras esté ganando dinero. El dinero, ese enorme bien del género humano, al que ni puede igualar el cariño de una madre o una prole cariñosa, ni un padre respetable por sus méritos. Si en el rostro de Venus brilla algo tan agradable como el dinero, es lógico que ella suscite el amor de dioses y de hombres.* Y dice Séneca: *Apenas se recitaron estos versos al final de la tragedia, todo el pueblo se puso en pie al* unísono para rechazar tanto al actor como la obra, hasta que salió Eurípides para pedirles que tuvieran paciencia y vieran qué fin le esperaba al admirador del dinero. En aquella tragedia Belerofonte recibía su merecido, en representación del que cada uno se merece, por sus propias acciones. A raíz de estos versos que Séneca reproduce en latín, he encontrado otros posteriores en griego en el libro cuarto del *Banquete de los eruditos* de Ateneo, pero sin indicación del autor. Los añado en este punto: *¡Oro! ¡Maravilloso botín para los hombres! ¡Ni madre, ni padre, ni hijos levantan tales afectos en la casa como tú para los que te poseen en su morada! Porque si brillan así los ojos de Venus, no es extraño que sus amores sean incontables.* No es raro que se elogie la parte perversa y desviada del intelecto humano. El público no soporta esta sentencia malvada pronunciada por un actor que interpreta un personaje malvado y organizan un buen revuelo, pero luego cada uno se perdona a sí mismo en casa. ¿Cuánta gente hay que no se repita a sí mismo en los afanes diarios y en su vida eso que allí recitaba el actor? ¿Se horrorizan de estas palabras en el teatro, pero no se horrorizan del hecho en sí en su propia vida? ¿Hay algo más infame o más execrable para todos que la palabra mentira? ¿Pero hay algo más habitual que el hecho mismo de la mentira en la actuación de todos? ¿Qué hay más detestable que un renuncio? Repasa la vida de la gente, todo está lleno de renuncios. Fíjate en el juramento que hacen los gobernantes, los obispos, los abades, o mejor, en lo que juramos todos los cristianos en el bautismo. Pasa revista a las acciones de la gente, encontrarás millones de renuncios. ¡Cuánto odiamos la palabra robo! Pero es lo único que te vas a encontrar en la vida, a menos que no consideres robo recibir dinero sin intención de devolverlo, denegar un depósito cuando está bien invertido, ir con mala fe a por la herencia o las posesiones de otros, timar al comprador, meter la mano a escondidas en la mercancía que has recibido, hacer pasar el cristal por piedras preciosas, vender un tipo de vino por otro; en fin, no dejar pasar la ocasión de engañar al prójimo. Pero mejor vuelvo a los proverbios.

SENCILLO ES EL LENGUAJE DE LA VERDAD

Este adagio figura en la recopilación de Diogeniano. También se ha conservado en las *Fenicias* de Eurípides con esta formulación: *El lenguaje de la verdad suele ser sencillo, no está necesitado de intérpretes de sutiles subterfugios, concuerda siempre consigo misma. Pero un discurso falaz, dañino en sí mismo, exige refinados medicamentos.* Lo cita Séneca en la carta XLIX: *Y es que, como dice el trágico: «El lenguaje de la verdad es sencillo».* El proverbio es de aplicación contra oradores y profetas que suelen teñir las mentiras con los encantos de las palabras, y también contra los aduladores que, como no hablan de corazón, suelen adornar su discurso con mayor precisión y camuflar con mayor empeño los afectos cuanto más carecen de esos mismos afectos: *Al igual que los que*

lloran a sueldo en los funerales dicen y hacen prác-
ticamente más cosas que los que se lamentan de ver-
dad, cuando el simple y llano lenguaje de
la verdad desprecia los adornos de este
tipo de discurso llamando al pan pan y
al vino vino; o contra los adivinos que
pronuncian sus vaticinios con palabras
ambiguas para que no los entienda nadie
y no quede un resquicio por el que esca-
par; por último, también contra quienes
hablan dándole vueltas a las cosas cuando
quieren ocultar la verdad. La mayor
parte de las veces se trata de un indicio
de vanidad, como en el *Eunuco* de Teren-
cio: *Desgraciada, ¿vas a seguir dándole vueltas a las*
cosas? Que si lo sé, que si no lo sé, que se marchó,
que lo escuché, pero yo no estaba... ¿Es que no me
vas a decir ahora mismo con toda claridad qué está
pasando?

ÍNDICE